Dieses Buch
gehört

. . . . . . . . . . . . .

**Cilli Kehsler**, *1937, lebt in Pünderich an der Mosel. Sie hat seit 1994 mehr als 400 Gedichte und Texte geschrieben. Viele sind in ihren Büchern „Probier, ob du noch hüpfen kannst" (2000) und „Glückseligkeit für sechsmarkachtzig" (2003), in Anthologien sowie im Programm des Reihenhaus Verlags veröffentlicht. Cilli Kehsler ist Mitglied im STE Steinbach Ensemble Baden-Baden und der Autorengruppe Hunsrück.

**Anabel Leiner**, *1974, lebt in Hamburg. Die Diplom-Designerin studierte an der FH Mainz. Seit 2004 ist sie freiberufliche Illustratorin und arbeitet u. a. für Zeitschriftenverlage. Auszeichnung im Nachwuchswettbewerb des ADC 2004, Ausstellung im Gmünder Kunstverein 2007. Sie ist Mitglied der Illustratoren Organisation (IO), Frankfurt/Main.

1. Auflage 2007
© Reihenhaus Verlag Peter Wiechmann,
Saulheim 2007. Alle Rechte vorbehalten.
Lektorat: Astrid Kehsler
Illustrationen: Anabel Leiner
Herstellung: Druckerei Wolf, Ingelheim
ISBN 978-3-939930-63-1

Besuchen Sie uns im Internet unter:
www.reihenhausverlag.de

Cilli Kehsler

# Ein Fest für die Liebe

Cilli Kehsler

# Ein Fest für die Liebe

Gedichte zur Weihnachtszeit

mit Bildern von
Anabel Leiner

Reihenhaus Verlag

# Es begann mit dem Weihnachtsfrieden

Im Zeitalter der elektronischen Gedankenübermitt-
lung – meist im Telegrammstil – ist es für mich
noch immer etwas Besonderes, einen Brief im
Postkasten vorzufinden. Die oft handgeschriebene
Adresse weckt in mir ein leises Weihnachtsgefühl
aus meiner Kinder- und Jugendzeit, denn die
Grüße und Wünsche im Advent hatten es mir
besonders angetan. Für mich ist damals die eigene
Begeisterung für das Briefeschreiben entstanden.

„Der Weihnachtsfriede" war das erste Gedicht, das
ich 1996 als meinen ganz besonderen Gruß zum
Fest verschickt habe. Seither ist daraus eine schöne
Tradition geworden, und zu meiner Freude haben
viele Menschen meine Idee aufgegriffen und sorgen
dafür, dass meine Texte zur Weihnacht immer
wieder auf Reisen gehen.

Nun ist sogar dieses Buch daraus geworden,
liebevoll illustriert von Anabel Leiner. Vielleicht
ermutigen die Texte auch Sie, liebe Leserinnen
und Leser, einmal wieder eine „altmodische"
Weihnachtspost zu verschicken.

Cilli Kehsler
Pünderich 2007

# Inhalt

# Weihnachten

# Neujahr

# Advent

# Einleuchtend

Wie lob ich mir die Zeit im Jahr,
randvoll gefüllt mit Gründen,
im Dunkel der Vergänglichkeit
ein Licht uns anzuzünden.

Ein Licht, das im Novembergrau
den Tag uns kann erhellen
und sich dem Schwermutreisezug
weiß in den Weg zu stellen.

Ein Licht des Dankes für ein Jahr,
das uns der Herr gegeben
als ein Geschenk der Endlichkeit,
als Stückchen Erdenleben.

Ein Licht der Menschenfreundlichkeit
im weihnachtlichen Denken,
das unsre alte Sehnsucht weckt:
Mehr Liebe zu verschenken.

Ein Licht auf Wegen der Vernunft,
damit sie gangbar werden,
und Lampen auf dem Friedenspfad
all überall auf Erden.

Ein Licht, das viel mehr Leuchtkraft hat
als hunderte von Kerzen,
weil es die Liebe installiert
in vielen, vielen Herzen.

# Licht für uns alle

Licht ins Dunkel lasst uns tragen,
in die Schattenwelt der Zeit,
dass wir neue Wege finden
aus Bedrängnis, Angst und Leid.

Licht ins Dunkel lasst uns tragen,
jeder einen kleinen Schein,
welcher Hoffnung weiß zu geben
jedem Menschen, der allein.

Licht ins Dunkel lasst uns tragen,
wo die Liebe Tränen weint,
dass nach langen, schweren Nächten
ihr ein heller Morgen scheint.

Licht ins Dunkel lasst uns tragen,
das dem Leben Wärme gibt,
dass der Mensch mit Herz und Händen
wieder froh sein Menschsein übt.

# Adventskerze

Kleine Kerze im Advent,
rührst die Herzen an,
ziehst mit deinem stillen Licht
uns in deinen Bann.

Bist wie eines Freundes Hand
in der Dunkelheit,
wie ein altvertrautes Du
voll Geborgenheit.

Kleine Kerze im Advent,
wärmst so mütterlich,
führst uns aus der Einsamkeit,
aus dem kalten Ich.

Birgst in deinem kleinen Licht
so viel Helligkeit,
gibst in deiner Einfachheit
Fülle an die Zeit.

Kleine Kerze im Advent,
weck in deinem Schein
einen stillen Wunsch in uns:
So wie du zu sein.

# Der Weihnachtsweg

Wir glauben, den Weg zu kennen,
der uns zur Krippe führt,
der trotzdem, indem wir ihn gehen,
für viele sich oft verliert.

Im rastlosen Planen und Schaffen
um unser vergängliches Sein
und in den belastenden Sorgen
nur um den äußeren Schein.

Wir glauben, den Weg zu kennen
im Glanz von adventlichem Licht,
doch nimmt uns das Neongefunkel
nicht selten die wirkliche Sicht.

Wir können das Ziel erreichen,
wenn wir die Wegweiser sehn
und den Segen der Weihnacht suchen
in den Menschen, die mit uns gehn.

# Ein Bethlehem in uns

Es führt ein Weg nach Bethlehem,
er ist für uns bereit,
dass wir ihn alle Tage gehn –
nicht nur zur Weihnachtszeit.

Ein Weg, der überall beginnt,
wo Menschen es verstehn,
das Wunder jener Heil'gen Nacht
in jedem Tag zu sehn.

Wo einer für den andern lebt
in unwegsamer Zeit,
wo jemand Friedensbrücken baut,
und wo man Schuld verzeiht.

Ein Weg, der Kriegen und Gewalt
nicht zur Verfügung steht,
weil er durchs große, schöne Land
des guten Willens geht.

Ein Weg, auf dem ein kleines Licht
ein Mensch dem andern ist,
das zeigt, wo man ihn finden kann,
den wirklich wahren Christ.

Es führt ein Weg nach Bethlehem,
er ist für uns bereit,
dass wir ihn alle Tage gehn –
nicht nur zur Weihnachtszeit.

# Lasst uns ein Licht anzünden

Lasst uns ein Licht anzünden
in uns und in der Welt,
das uns den Weg zur Weihnacht
mit neuem Glanz erhellt.

Ein Licht, das Lebenswärme
in seiner Flamme trägt
und einen Hoffnungsschimmer
in dunkle Nächte legt.

Lasst uns ein Licht anzünden,
das kein Erlöschen kennt,
weil tief in seinem Innern
der Liebe Feuer brennt.

Ein Licht, das eine Brücke
zu unserem Nächsten baut
und auch zu neuem Glauben,
dem, der auf Gott vertraut.

Lasst uns ein Licht anzünden,
das jenen Weg uns führt,
auf dem der Weihnachtssegen
in uns geboren wird.

# Adventszeit

Das ist die Zeit, die uns zum Segen
in diesen Tagen werden will,
wegweisend unser Tun zu stärken,
dass es die Liebe hat zum Ziel.

Das ist die Zeit, in der die Stille
in ihrer schönsten Sprache spricht,
und jeder kleine Funke Hoffnung
nicht selten wird zum hellen Licht.

Das ist die Zeit, in der das Geben
mehr Freude als das Nehmen schenkt,
in der das Ich der Eigenliebe
zu einem Du die Schritte lenkt.

Das ist die Zeit, die uns zum Segen
der Gott der Liebe hat erdacht,
der unser Tun aus gutem Willen
oft noch ein wenig besser macht.

## Wünsche zum Advent

Was ich uns zur Weihnacht wünsche
in den Tagen des Advent?
Dass in uns Erwartungsfreude
wie ein helles Feuer brennt.

Unsern Weg neu auszuleuchten
für den Gang zur Krippe hin,
dass die Herzen wieder finden
zu der Weihnacht tiefem Sinn.

Stille wünsche ich uns allen
in den Wochen vor dem Fest,
die den Segen dieser Tage
uns beglückt erkennen lässt.

Weil die Liebe Mensch geworden
und noch immer werden will,
lasst sie im Advent uns suchen,
das sei unser aller Ziel.

Dass die Freude der Erwartung
wieder Raum in uns gewinnt
und wir tief im Innern fühlen,
wie beschenkt wir wirklich sind.

# Dass Friede werde unter uns

Einfach einmal innehalten
in den Tagen des Advent,
prüfen, ob in unsern Herzen
noch das Licht der Liebe brennt.

Einfach einmal innehalten,
unserm Ich den Rücken drehn,
um mal wieder unbefangen
auf den andern zuzugehn.

Und erneut ein Innehalten,
wenn die Botschaft zu uns dringt,
die in jedem Jahr aufs Neue
der Advent uns nahebringt.

Dass der Zeit kann Friede werden
und Gott sein Versprechen hält,
wenn wir guten Willen zeigen
unter uns in unsrer Welt.

# Geschenkidee

Zeit des Wünschens und des Schenkens,
wüsste man nur immer was,
das wär für die Festtagsfreude
schon ein guter Anfangsspaß.

Etwas Individuelles
ist bei allen sehr beliebt.
Für ein kleines Probepäckchen
ist im Handumdrehn geübt.

Ein Behältnis – nicht aus Pappe –
stelle man dazu bereit.
Größenmäßig gut bemessen
und gefertigt nur aus Zeit.

Mit dem warmen Tuch der Liebe
dekoriere man es nett.
Damit ist es fast schon fertig,
so ein Erste-Hilfe-Set.

Ein paar Hände voll Verständnis.
Ein Rezept für Heiterkeit.
Trostzuspruch für schwere Stunden.
Eine Tüte Herzlichkeit.

Das verstaut man noch im Innern,
als Geschenk gibt man es her.
Wo und wann, an wen auch immer –
Adressen gibt's wie Sand am Meer.

# Wünsche und wahres Glück

# Glück fängt oft mit Vergessen an

Glückselig, wer so dann und wann
sich selbst einmal vergessen kann.
Den drückt von seinen Übeln keins,
der spürt die Leichtigkeit des Seins.
Der Sinn scheint herrlich ihm befreit,
sein Herz schlägt in Gelassenheit.

Er fühlt ganz neue Lebenslust,
von der er bislang nichts gewusst.
Kein Wunsch ist weit und breit in Sicht,
der ihm sonst in der Nase sticht.
Er ist, was ihn total erstaunt,
mal wieder richtig gut gelaunt.

Darum übt er von Zeit zu Zeit
sich in der Selbstvergessenheit.
Weil er erkennt, das eigne Ich,
es ist sehr oft sehr hinderlich.
Drum merke sich wer will und kann:
Glück fängt oft mit Vergessen an.

# Die kleinen Dinge

Sind es nicht die kleinen Dinge,
die so groß im Leben sind;
die so rührend dafür sorgen,
dass man täglich neu beginnt?

Sind nicht ein paar gute Worte
wie ein Licht in dunkler Nacht;
nicht die liebenswerte Geste,
die das Menschsein menschlich macht?

Ist es nicht ein frohes Lachen,
das der Seele Rosen schenkt;
nicht ein schlichtes Händereichen,
das in Richtung Frieden lenkt?

Gibt nicht jeder neue Morgen
Zeichen, dass ein Gott uns liebt;
wieviel Glück kann daraus werden,
wenn man's einfach weitergibt.

# Wunschdenken

Das Leben, wie es nun mal ist,
lässt immer Wünsche offen
aus noch so lauter Forderung
und noch so stillem Hoffen.

Ein jeder weiß, dass das so ist,
doch kaum ein Mensch kann's lassen,
mit Wünschen der skurrilsten Art
sich täglich zu befassen.

Man ist nur allzu leicht versucht,
als wahres Glück zu sehen,
dass Wünsche, die man nun mal hat,
auch in Erfüllung gehen.

Erschwerend kommt dann noch hinzu:
Um das man so sehr bittet,
wird über den, der's gar nicht braucht,
so glaubt man, ausgeschüttet.

Vielleicht meint es das Leben gut,
uns Wünsche zu versagen.
Was man für Glück so alles hält,
ist oft nicht leicht zu tragen.

So mancher Wunsch, wenn er erfüllt,
erst tut man sich dran freuen.
Ernüchternd stellt man später fest:
Er macht nur Scherereien.

Und wenn ein Wunsch sich nicht erfüllt,
davon ist auszugehen,
ein bisschen Gutes liegt darin,
und das gilt es zu sehen.

# Wunscherfülltes Weihnachtsfest

„Was wär die Weihnacht ohne Wünsche?",
hab ich im Stillen mich gefragt.
Und leise hat in meinem Innern
das Herz die Antwort mir gesagt.

Die Welt, sie wär um vieles ärmer,
denn ohne Wünsche hofft man nicht;
und ohne Hoffnung ist das Leben
wie eine Nacht, ganz ohne Licht.

Wie arg enttäuscht wär erst die Liebe –
vom Weihnachtszauber ganz durchtränkt –,
gäb's niemand, der von ihr was wünschte,
weil sie nichts lieber tut als schenkt.

Und außerdem, so im Geheimen,
in allen Wünschen dieser Zeit,
da steckt die liebenswerte Sehnsucht
nach alter Kinderseligkeit.

„Wie gut, mein Herz", hör ich mich sagen,
„dass du mir meine Wünsche lässt."
Weil dem so ist, wünsch ich uns allen:
ein wunscherfülltes Weihnachtsfest.

# Ein Hauch Unsterblichkeit

Wenn die Liebe uns begegnet
auf dem Weg durch unsre Zeit,
spüren wir in ihrer Nähe
einen Hauch Unsterblichkeit.

Fühlen wir, wie Erdenschwere
sich ein Flügelkleid anlegt
und uns auf dem Arm des Glückes
in den siebten Himmel trägt.

Wenn die Liebe uns begegnet,
wird uns Göttliches geschenkt,
und es ist, als ob ein Engel
unsre Erdenschritte lenkt.

In das helle Land des Lebens –
hin zum schönsten Platz der Welt,
den der Lichterstrahl der Liebe
Tag und Nacht für uns erhellt.

Wenn die Liebe uns begegnet,
lässt das Herz uns Wunder sehn,
und wir können, wenn wir lieben,
über Regenbögen gehn.

# Vom Glück der Unvollkommenheit

Wär alles in der Welt vollkommen –
dies nur einmal so angenommen –,
es blieben keine Wünsche offen:
Vorbei wär es mit allem Hoffen.

Im wunderschönen Haus der Träume
gäb es nur unbenutzte Räume.
Die Sehnsucht lernte man nicht kennen,
die Phantasie wär aus dem Rennen.

Der Herzschlag in dem Wunder Leben,
er spürte nie die Kraft zum Streben,
weil alles da wär, was man möchte,
kaum dass der Sinn es nur erdächte.

Man würde auf dem Lebenswege –
weil immer satt – wohl nur noch träge.
Der Schöpfer schien dies zu bedenken,
als er beschloss uns zu beschenken.

Ein Dasein uns hier zu bereiten
mit kleinen Unvollkommenheiten,
um so die Lust uns zu erhalten
am schöpferischen Mitgestalten.

Das führt dazu, dass wir drauf brennen,
zu zeigen, was wir selber können.
Und uns bestärkt in unserm Wissen,
fürs eigne Glück was tun zu müssen.

# Die Friedensglocke

Im Traum sah eine Glocke ich,
sie hing am Himmelszelt.
„Ich bin der Friede", stand darauf,
„ich läute aller Welt."

Doch sie war stumm in meinem Traum,
trotz menschlichem Bemühn
an ihrem starken Glockenstrang
mit aller Macht zu ziehn.

Die Art und Weise wie man's tat,
wie man den Strang gepackt
und ihn nach allen Seiten zog,
riss alles aus dem Takt.

Weil man den Hinweis übersah:
Es macht nur einen Sinn,
gemeinsam an dem Glockenstrang
in eine Richtung ziehn.

# Die Gabe der Freude

Der Mensch, er lebt von Brot und Luft
und ein paar Sachen mehr,
dass dieses nun einmal so ist,
weiß man von alters her.

Dem Leib, dem Schöpfungswunderwerk,
dient dieses zum Erhalt.
Das fängt gleich bei der Kindheit an
und dauert, bis er alt.

Nun braucht der Mensch im Innenraum,
ein Schachzug wohl von Gott,
in puncto Nahrung für das Herz
ein andres Angebot.

Es ist die Freude, die der Mensch
ins Dasein andrer bringt,
mit dem ein Seelenleibgericht
der Köstlichkeit gelingt.

Die Kraft, die aus der Freude kommt,
hat eine solche Macht,
dass sie sogar der Ärzte Kunst
oft überflüssig macht.

Wer sich gesund ernähren will,
tut gut, wenn er bedenkt:
Die Freude ist ein köstlich Brot –
empfangen und verschenkt.

# Weihnachten

# Weihnachtswunsch

Eine Weihnacht will ich wünschen,
die uns alle reich beschenkt.
Die die Schritte unsres Herzens
auf den Weg der Liebe lenkt.

Jene breite, schöne Straße,
die all überall beginnt,
wo ein friedlicher Gedanke
eine Wanderung ersinnt.

Eine Weihnacht will ich wünschen,
die viel mehr ist als ein Fest,
das uns traditionsgebunden
zueinander finden lässt.

Dass ein Wunsch sich mög erfüllen,
der als Botschaft einst begann:
Dass den Menschen guten Willens
Weihnachtsfriede werden kann.

# Die Weihnachtsbotschaft

Jedes Jahr zur Weihnachtszeit,
wenn die Kerzen brennen,
bietet Gott uns Hilfe an
beim Verzeihenkönnen.

Jedes Jahr zur Weihnachtszeit
stärkt er unsern Willen,
Weihnachtsbotschaft sinngemäß
wirklich zu erfüllen.

Manches Jahr zur Weihnachtszeit
sind der Gnade Stunden
oft noch vor dem Tannenbaum
wie ein Spuk verschwunden.

Dieses Jahr zur Weihnachtszeit,
Christkind mach es möglich,
schenk den Segen deiner Nacht
uns ein Jahr lang, täglich.

# Der Weihnachtsfriede

Gott Vater schickt die Engel aus,
sie sollen tüchtig werben
für Frieden in der Weihnachtszeit,
ein jeder könnt ihn erben.

Die Engel klopfen Tag für Tag
an ungezählte Türen
und bieten Weihnachtsfrieden an
als Erbe, zum Probieren.

So mancher ruft: „Sagt Dank dem Herrn,
und einen Gruß entböt ich!
Ich hätte meinen Frieden, doch
der Nachbar hätt' ihn nötig."

Die Engel klagen: „Guter Gott,
es ist zum Haare raufen.
Vielleicht, wenn Friede teuer wär,
dann könnt man ihn verkaufen."

# Weihnachtszeit

Das ist die Zeit, die den Himmel
der Erde näher bringt.
Die die Liebe zu Taten beflügelt,
dass manch Wunder ihr gelingt.

Die Zeit, die geheime Wünsche
in Menschenherzen sät.
Die Zeit, deren leise Sprache
man ohne Worte versteht.

Die Zeit, die zum Segen will werden,
wenn uns ihr Wesen berührt
und wir den Zauber spüren,
dass Weihnacht in uns wird.

# Weihnachtsgefühl

Einfach einmal innehalten
ohne planendes Gestalten,
dem Gedanken an das Morgen
eine Atempause borgen.

Das, was gestern auch gewesen,
ohne Schuldgefühl vergessen.
Bei der Kerze mildem Schein
träumen, wieder Kind zu sein.

Das den Augenblick genießt
und nicht fragt, was morgen ist.
So ohne Gründe sich zu freun,
müsst ein Gefühl wie Weihnacht sein.

# Es weihnachtet sehr

Nun brennen sie wieder, die vielen Lichter,
landauf und landab in all ihrer Pracht.
Als müsste die Zeit neu erleuchtet werden,
wohin man auch schaut, bei Tag und bei Nacht.

Nun klingen sie wieder, die alten Lieder,
sie füllen die Tage mit endlosem Schall.
Als sollten die Menschen es lautstark erfahren:
Es wird wieder Weihnacht all überall.

Nun wachsen sie wieder, die Wünsche zur
Weihnacht,
gar manch einer schießt übers Soll weit hinaus.
Die Kassen, die möchten vor Lust schon laut
klingeln,
die Geschenkindustrie spendet munter Applaus.

Nun hasten sie wieder, die Scharen von Menschen,
und suchen im Licht und im Stimmengewühl,
im Angebotsdschungel der käuflichen Freuden
ein Stückchen vom uralten Weihnachtsgefühl.

Es brauchte doch nur in den Herzen der Menschen
den Kompass, der sie hin zum Weihnachtsfest weist,
ganz unbeeindruckt von aller Reklame,
den Kompass zum Fest, der schlicht Liebe heißt.

# Oh, du schöne Weihnachtszeit

Oh, du schöne Weihnachtszeit,
die ersten Kerzen brennen,
vorbei ist die Gemütlichkeit,
los geht das Festtagsrennen.

Denn tausend Dinge sind zu tun,
man muss soviel bedenken.
Die Zeit erlaubt nicht auszuruhn,
nachts träumt man von Geschenken.

Und sind am Heiligabend dann
die Lieben all befriedigt,
sitzt mancher Festausrichter da
und ist total erledigt.

Dies wird man ändern, schwört man sich,
gleich schon im nächsten Jahr.
Doch kommt es, wie es kommen muss:
Es bleibt so, wie es war.

# Ein Fest für die Liebe

Wenn die Liebe mit Vergnügen
täglich Überstunden macht,
ist das schönste Fest des Jahres,
das der Weihnacht, angesagt.

Dieses Fest mit seinem Zauber
ist so ganz nach ihrem Plan,
denn die Liebe zeigt so gerne,
was durch uns sie alles kann.

Lassen wir sie ganz gewähren
in der Weihnacht wahrem Sinn,
dann schenkt sie mit vollen Händen
den ersehnten Festgewinn.

# Komm ins Weihnachtswunderland

Komm, mein Herz, mit auf die Reise
in das Weihnachtswunderland.
Eine kleine Wanderkarte
gebe ich dir in die Hand.

Ausgangspunkt ist: Großmarkt Liebe,
wo sich alles finden lässt,
was den Sinn hilft zu erkennen
auf dem Weg zum Weihnachtsfest.

Friede in Bereitschaftsdiensten
bietet dort Begleitung an.
Nebendran ein guter Wille
sagt: „Ich tue, was ich kann."

Hoffnung steht in neuen Schuhen
hier zum Gehn für uns parat,
und ein Händezaubermittel
für die stille, gute Tat.

Eine helle Lichterkette
gibt es gratis noch dazu,
will den Weg man neu ausleuchten,
weg vom Ich und hin zum Du.

Komm, mein Herz, mit auf die Reise
in das Weihnachtswunderland.
Es mag sein, dass wir es finden
mit der Liebe an der Hand.

# Zauber der Weihnachtszeit

Ein Zauber liegt auf jedem Land,
durchzieht es wie ein goldnes Band
in jeder Weihnachtszeit.

Die Zeit, die spürbar werden lässt:
Die Liebe schenkt uns dieses Fest,
der ganzen Welt zur Freud.

Nicht nur in Kinderherzen
dringt mit dem Schein der Kerzen
ein Hauch Glückseligkeit.

Lasst uns der Weihnacht Segen
in eine Botschaft legen:
in die der Menschlichkeit.

# Weihnachtsgeschenk

Mir war auf einmal so anders
beim Gang durch die rastlose Zeit,
als hielte mich etwas umfangen –
es war wie Geborgenheit.

Ein Lied wehte zu mir herüber,
so anrührend schlicht war sein Klang.
Es war eine Weihnachtsweise,
so wie sie die Mutter einst sang.

Ich war wie verzaubert und lauschte.
Mein Herz, es wurde ganz weit,
und ich fühlte mit all meinen Sinnen
den Segen der Weihnachtszeit.

# Wunschzettel

Noch mal wie ein Kind sein zur Weihnachtszeit,
das wäre ein Wunsch von mir.
Mit Herzklopfen lauschen, was drinnen geschieht
gleich hinter der Stubentür.

Noch einmal Briefe ans Christkind schreiben,
wie man als Kind es getan.
Mit leuchtenden Augen zum Sternenzelt blicken,
ob der Brief dort oben käm an.

Noch einmal so voller Vertrauen zu sein
wie einst in bescheidener Zeit.
Das Wunder der Weihnacht tatsächlich zu spürn
mit Staunen und Glückseligkeit.

Das Christkind zu bitten in der Heiligen Nacht,
dass der Himmel es schneien lässt,
und zum Schutzengel beten, dass die Mutter nicht merkt,
dass die Plätzchen man fand vor dem Fest.

Noch einmal so restlos verzaubert zu sein,
ich weiß nicht, ob uns das gelingt.
Doch ich bitte die Liebe in unserer Welt,
dass sie dieses Wunder vollbringt.

# Weihnachtsmarkt

Weihnachtsstimmung geht auf Reisen,
gut gerüstet für das Fest,
sucht in Stadt und Land nach Plätzen,
wo sie sich denn niederlässt.

Kinder- und Erwachs'nenträume
werden dicht an dicht geparkt,
und ein Zauber, wie im Märchen,
hüllt ihn ein, den Weihnachtsmarkt.

Rauschgoldengel lächeln himmlisch
zwischen Socken warm und dick,
und ein Herz aus Pfefferkuchen
hängt darüber und wünscht Glück.

Püppchen sitzen händereckend
unter einem Sternenzelt,
und ein kleiner Menschenengel
steht davor und zählt sein Geld.

Punsch und Glühwein wärmt die Mägen,
Bratwurstduft macht Appetit,
süße, frisch gebrannte Mandeln
rufen leise: „Nimm uns mit!"

Kinderaugen schauen staunend,
die der Eltern oft gestresst,
beide sind nicht wegzudenken
von dem Weihnachtsmarkt vorm Fest.

Tannen träumen schon ganz selig
von dem großen, starken Arm,
der sie trägt in Weihnachtsstuben,
auch wenn's dort für sie zu warm.

Über allem liegt ein Zauber,
den so manches Herz verspürt,
wenn aus kleinen Weihnachtsfreuden
Weihnachtsglück geboren wird.

# Weihnachtszauber

Es gibt ihn noch, den alten Zauber,
trotz nüchterner Realität,
der uns den Glauben an das Wunder
der Liebe in den Alltag sät.

In vielen, oft ganz schlichten Gesten
ist für sein Wirken er bereit,
dem kaum ein Mensch sich kann entziehen
alljährlich in der Weihnachtszeit.

Wenn er in Herzen und in Händen
die schönsten Dinge lässt entstehn,
die für den Zustelldienst der Liebe
als Boten auf die Reise gehn.

Aus Mutters Küche Plätzchenträume,
ein kleines Werk aus Kinderhand,
ein Händedruck, der Frieden stiftet,
ein Freundesbrief aus fernem Land.

Die handgestrickten Schafwollsocken,
im Zwei-Rechts- und Zwei-Links-Gestrick,
die soviel Wärme geben können
vom Fuß zum Herzen und zurück.

Es gibt ihn noch, den alten Zauber,
sein Wesen rührt noch immer an,
dass man ans Wunderwerk der Liebe
doch immer wieder glauben kann.

# Wunschtrauma

Zur Weihnachtszeit wird mancher Wunsch
oft wochenlang gehegt,
ganz leise, oder auch sehr laut,
an manches Herz gelegt.

Es ist nun mal das alte Lied:
Ein Wunsch, erst formuliert,
setzt scheinbar heimlich alles dran,
dass er erfüllt auch wird.

Gewünscht wird oft, was man nicht braucht,
nur weil es grad so passt;
an Neujahr oder kurz danach
zählt es schon zum Ballast.

Wär's echter Liebe nur erlaubt
zu wünschen und zu geben,
könnt mit der ganzen Schenkerei
man viel, viel besser leben.

# Liebe schenkt am besten

Jedes Jahr zur Weihnachtszeit
unterm Baum die Gaben
machen deutlich, was man wünscht
und sogar kann haben.

Selbst wenn's reichlich Mühe macht,
preislich stößt an Grenzen,
wird ein großer Wunsch erfüllt,
kann man damit glänzen.

Was die Weihnachtsfreude trübt,
ist das Schenken-Müssen,
weil das Herz nicht ganz dabei,
aber das Gewissen.

Ob man damit glücklich macht,
braucht man nicht zu fragen:
Sichtbar wird das ohnehin
beim Zum-Umtausch-Tragen.

Schenken wäre eine Lust,
Nehmen frei von Leiden,
wenn's einfach nur aus Liebe wär,
und das von beiden Seiten.

Auf, Leute, es ist Weihnachtszeit!
Verschenkt ein bisschen Glück,
schenkt eines, das von Herzen kommt,
und wenn es geht, am Stück.

# Neujahr

Schritt für Schritt

Wir alle gehen unser'n We...
vom Leben angetrieben.
Und manche Strecke ist d...
die wir nun gar nicht lieben.

Im Weitergeh'n liegt uns're Chance,
das Leben zu ertragen.
Im höchsten Maße hinderlich,
ist ein beständig Klagen.

Die Steine auf dem Lebensweg
gilt es zu überwinden,
Wie sonst könnt der, der's nicht versucht,
den Stein der Weisen finden.

C. K.

365

# Neujahrsgedanken

Wir glauben, noch den Schlag zu hören
der Lebensuhr im Zeitgeschehn,
mit dem das alte Jahr geendet,
unwiderruflich um zu gehn.

Das alte Jahr schloss ein Kapitel
im Buch, das sich das Leben nennt.
Für manche ließ es Wünsche offen,
den andern war's ein Happy End.

Wir halten es noch in Gedanken
mit dem, was es so für uns war,
und gehen schon die ersten Schritte
ins unbekannte, neue Jahr.

Mit Hoffnung, Plänen, oft auch Zweifel,
der Frage, die das Herz bewegt:
Was wird das Schicksal daraus machen,
von dem der Grundstein schon gelegt?

Dem alten Jahr lasst Dank uns sagen,
dem neuen ein: Wir sind bereit.
Was uns vom Schöpfer zugedacht ist,
hat seine Wurzeln in der Zeit.

# Wieder ist ein Jahr vergangen

Wieder ist ein Jahr vergangen,
sanft hüllt es Erinnern ein,
und beim Abschied frag ich leise:
„Wie wird wohl das nächste sein?"

Keiner weiß, wie es wird werden,
und das ist im Grunde gut.
Denn nur so bleibt uns erhalten
Glaube, Hoffnung, Liebe, Mut.

Wichtig ist, man bleibt gelassen,
nimmt das Leben wie es ist.
Gut lebt sicher der Besorgte,
besser lebt der Optimist.

# Vom Umgang mit Wünschen

Was ich zum neuen Jahr dir wünsche,
ist alles, was dein Herz begehrt;
doch dazu einen guten Engel,
der dich das rechte Wünschen lehrt.

Er soll dich freundlich informieren,
was dir zum Leben dienlich ist,
und dich, wenn nötig, auch mal bremsen,
wenn du das rechte Maß vergisst.

Denn wenn die Wünsche maßlos werden
und machen ungeniert sich breit,
entweicht von deinen guten Geistern
als erstes die Zufriedenheit.

Mit ihr meist Schlaf und gute Laune,
wie sehr oft die Erfahrung zeigt,
denn viele der erfüllten Wünsche
sind leider nicht sehr pflegeleicht.

Das rechte Maß, es ist verträglich,
es pflegt den Körper und den Sinn,
ist in der Regel umweltfreundlich
und auch der Wirtschaft noch Gewinn.

Doch etwas sei hier ausgenommen,
was man so recht nicht messen kann.
Es fängt auch nicht so sehr mit Wünschen,
es fängt viel mehr mit Geben an.

Es ist die Gabe an das Leben,
für die es keine Normen gibt.
Sie schenkt das Schönste ohne Wünsche
spontan und reichlich dem, der liebt.

# Jahreskonfektion

Noch bist du jung, du neues Jahr,
und uns doch schon vertraut,
weil du dem alten ähnlich siehst,
ganz gleich, wohin man schaut.

Denn du bist aus dem Stoff gewebt,
der für uns Leben heißt,
der uns in Farbe und Struktur
viel Menschliches aufweist.

Die Zeit, sie schneidert dich zurecht,
macht für uns Mode draus.
Und wie bei jeder Konfektion:
Nicht alles sieht gut aus!

Oft tragen wir dich wie ein Kleid
aus wundervollem Tuch.
Doch oft auch wie ein Stahlkorsett –
ganz ohne Gummizug.

Entscheidend ist in jedem Fall:
Was uns die Zeit anlegt,
es wird erst kleidsam, wenn man weiß,
wie man die Sachen trägt.

# Ein ganzes Jahr

„Ein Jahr, was ist an ihm noch dran?",
hört man so viele fragen.
„Dreihundertfünfundsechzig Tag'",
könnt man als Antwort sagen.

Das Jahr ist wie es immer war,
und dreht es seine Runden,
sind wir es, die ihm Zeit verleihn
und Leben seinen Stunden.

Wer ja zu jedem Tage sagt,
ihn annimmt als den seinen,
dem wird kein Jahr unendlich lang
und keins zu kurz erscheinen.

# Programmwechsel

Noch steht das alt gewordne Jahr
im Rampenlicht der Zeit.
Doch hält sein letzter Vorhang sich
zum Senken nun bereit.

Sein Gastspiel endet – der Applaus
vermischt sich mit Kritik.
Dem Leben schiebt es beides zu,
es schrieb ja dieses Stück.

Kurz bleibt es noch im Bühnenraum,
die Zeit drängt es zu gehn.
Bald wird für uns ein fremdes Werk
auf neuem Spielplan stehn.

Wir nehmen alle wieder Platz,
auf Rängen, im Parkett,
weil's in die nächste Spielsaison
stets ohne Pause geht.

Ganz gleich, was uns das neue Jahr
an Schauspielkunst beschert,
wir müssen nehmen, was es bringt,
auch wenn uns manches stört.

Theater wird es allemal,
die Zeit versteht sich drauf.
Wie dem auch sei, dem neuen Jahr
ein frohes: Vorhang auf!

# Bitte einsteigen

In des Jahres letzten Stunden
nimmt die Zeit uns bei der Hand,
führt uns aus vertrautem Gestern
in ein neues, fremdes Land.

Bringt uns an die Haltestelle
für die Fahrt ins neue Jahr,
gibt uns nur die Abfahrtszeiten
ohne jeden Kommentar.

Schreibt in neue Streckenpläne,
die kein Mensch durchschauen kann,
jeden Fahrgast mit dem Namen
für den Zustieg in die Bahn.

Sagt zu all den vielen Fragen,
wie die Fahrt wohl werden wird,
nur soviel, dass sie, wie immer,
mitten durch das Leben führt.

Freuen wir uns auf die Reise
in dem großen Zug der Zeit,
füllen wir den Reisekoffer
mit ganz neuer Dankbarkeit.

Ist auch in der ersten Klasse
kein Abteil für uns geplant,
bringt oft ein bescheidnes Reisen
viel mehr Freude als man ahnt.

# Für einen Freund

Wenn ich dir etwas schenken kann,
das immer mit dir geht,
dann etwas, das dich nicht beschwert:
ein einfaches Gebet.

Das dich, dein Denken und dein Tun
dem Schöpfer anvertraut
und fleht, dass – wenn es nötig ist –
ein Engel nach dir schaut.

Der deinen Glauben weiter trägt
ans Gute in der Welt
und der sich sorgt, dass nie ein Licht
der Hoffnung in dir fehlt.

Der dir in jeden neuen Tag
die Lust aufs Leben pflanzt,
die dich dem Herrgott danken lässt,
dass du noch leben kannst!

# Ein neues Jahr

Ein Jahr sagt: „Ade."
Ein bisschen tut's weh.
Ein neues sagt heiter:
„Du, Mensch, es geht weiter!"

„Komm mit mir zum Rennen,
dann lernst du mich kennen:
Ich hab was zu geben,
ein ganzes Jahr Leben."

Schon hat's dich am Zipfel,
durch Täler, um Gipfel.
Nimmt's am End seinen Hut,
sagt man meist: „Ach, 's war gut."

Gedruckt in Deutschland.